AF247967

ALLOCUTIONS

PRONONCÉES DANS LA CHAPELLE ROYALE DE FROHSDORF

APRÈS LA MORT

DE

M. LE COMTE DE CHAMBORD

LE 26 AOUT ET LE 2 SEPTEMBRE 1883

Par M. l'abbé CURÉ

AUMÔNIER DE MONSIEUR LE COMTE DE CHAMBORD

PARIS

LIBRAIRIE CATHOLIQUE INTERNATIONALE DE L'ŒUVRE DE S.-PAUL

6, RUE CASSETTE, 6

1884

ALLOCUTIONS

PRONONCÉES DANS LA CHAPELLE ROYALE DE FROHSDORF

APRÈS LA MORT

DE

M. LE COMTE DE CHAMBORD

LE 26 AOUT ET LE 2 SEPTEMBRE 1883

Par M. l'abbé CURÉ

AUMÔNIER DE MONSIEUR LE COMTE DE CHAMBORD

PARIS

LIBRAIRIE CATHOLIQUE INTERNATIONALE DE L'ŒUVRE DE S.-PAUL

6, RUE CASSETTE, 6

1884

I

XVe DIMANCHE APRÈS LA PENTECOTE

(26 Août 1883)

Evangile de la Veuve de Naïm.

(Saint Luc, vii, 11-16.)

Vous avez remarqué tout à l'heure, mes Frères, dans l'Evangile, la bonté de Notre-Seigneur envers la pauvre mère qui pleurait son fils.

Notre-Seigneur s'approche de cette mère désolée, il commande aux porteurs du cercueil de s'arrêter et il fait relever son fils qu'il rend plein de vie à sa mère.

Aujourd'hui, il y a aussi une mère qui pleure : il y en a même deux : c'est l'Eglise d'abord qui pleure son fils aîné, ce fils qui lui était dévoué jusqu'à la mort et qui aurait tout donné pour la sauver. — C'est la France ensuite qui s'était long-temps montrée marâtre, mais qui, en voyant le plus noble de ses fils sur le point de lui être enlevé, a compris enfin le trésor que Dieu lui avait donné, et a retrouvé pour lui des sentiments de mère. Toutes deux le pleurent et rien ne peut empêcher leurs larmes de couler, parce qu'en lui elles ont perdu leur espérance et leur soutien. — Si Notre-Seigneur reparaissait sur la terre et revenait parcourir les campagnes et les villes, comme autrefois, pour faire le bien partout où il passait, ne lui demanderaient-elles pas aussi de ressusciter le fils qu'elles pleurent, ou plutôt leurs larmes ne le demanderaient-elles pas pour elles ?

Mais Notre-Seigneur, qui rendit à la veuve de Naïm son fils unique, se laisserait-il attendrir par les larmes de sa sainte Epouse et de sa Fille aînée et les consolerait-il en arrêtant les porteurs du cercueil, pour dire à l'auguste Défunt : « Jeune homme, levez-vous, je vous le commande ! Mères désolées, je vous rends votre Fils ? »

Hélas ! hier, en sortant des messes funèbres dites dans la chambre mortuaire, la noble Princesse qui vient de passer par une si terrible agonie disait en levant les yeux au ciel : *Maintenant il est heureux; je suis sûre que si on lui offrait de revenir, il ne le voudrait pas.* C'est vrai. Nous avons un exemple de ce genre : un enfant rappelé à la vie et redemandant à mourir. Il y a quelqu'un ici qui appartient à la famille et qui pourrait nous le raconter (la princesse Massimo).

C'était un jeune Prince Massimo qui avait pour confesseur saint Philippe de Néri dont il était tendrement aimé. A l'âge de quatorze ans, cet enfant tomba malade et fut saisi d'une fièvre ardente. On alla chercher son confesseur. Le Saint, qui venait de commencer sa Messe, attendit, pour se rendre auprès de l'enfant, qu'il eût fini. — Quand il arriva, l'enfant était mort et toute la famille était dans la désolation. Le Saint, à cette vue, se met en prières, et tout à coup il demande à l'enfant : « Paul, vous m'avez fait appeler ? » — « Oui, mon Père ! je voulais me confesser avant de mourir. » — « Eh bien, me voilà, mon enfant, confessez-vous. » — L'enfant se confessa et, au bout d'une demi-heure de conversation avec son Père spirituel, le Saint lui demanda : « Maintenant, mon enfant, lequel des deux préférez-vous : de vivre ou de mourir ? » — « Oh ! s'écria l'enfant, je veux aller à mon Père qui est au Ciel ! » — « Eh bien, allez, mon enfant ! » Et l'enfant obéissant se recoucha et mourut pour la seconde fois.

Qui sait si notre Prince bien-aimé ne répondrait pas de même dans le cas où on voudrait le rappeler à la vie ? Il a dû fêter hier la Saint-Louis aux pieds de son Aïeul : comment pourrait-il se décider à quitter une aussi douce compagnie ? Non, il n'y a pas à demander à Notre-Seigneur de le ressusciter comme le jeune homme de Naïm. Mais ne pouvons-nous pas désirer que Dieu lui rende la vie d'une autre manière ? Oui, mes Frères, nous pouvons désirer que Dieu le fasse revivre dans les Princes qui sont les héritiers de son nom et de son sang (1) et qui doivent

(1) Etaient présents les Princes neveux et nièces

aussi être les héritiers de ses vertus. Nous pouvons désirer qu'il le fasse revivre dans tous ceux qui l'ont connu, qui l'ont vénéré, qui l'ont aimé et qui le pleurent comme nous. Le continuer et l'imiter, voilà notre obligation à tous, mes Frères !

Il ne pourra pas, il est vrai, faire le bonheur de la France, comme nous l'espérions, mais du moins il pourra contribuer à nous rendre saints par son exemple, et c'est beaucoup, car ce sont les Saints qui attirent les bénédictions de Dieu sur ce monde et qui sauvent les nations.

Mais, mes Frères, et c'est là une pensée qui vous a déjà tourmentés sans doute, pourquoi donc Dieu, qui a promis d'accorder tout à la prière, ne nous a-t-il pas accordé ce que nous demandions avec tant d'instances, avec tant de larmes ? De tous les points de la France et du monde,

de Monseigneur et de Madame : M. le Duc et Mme la Duchesse de Madrid, S. A. R. le Duc de Parme, LL. AA. II. et RR. le grand-Duc et la grande-Duchesse de Toscane, LL. AA. RR. les Infants Don Alphonse et Dona Maria de las Nieves, LL. AA. RR. le Comte et la Comtesse de Bardi.

il est monté tant de supplications vers Dieu, tant de soupirs, tant de sacrifices, tant de communions, tant de promesses, et tout cela a été inutile ! Pourquoi, mes Frères ? C'est que Dieu, en nous promettant de nous exaucer, ne s'est pas interdit de nous accorder quelque chose de mieux même que ce que nous demanderions.

Nous demandions pour lui la santé, la vie, le bonheur de faire le bien pendant longtemps en ce monde. — Il lui a accordé la vie immortelle, la gloire, le bonheur, non pas seulement de faire le bien, mais de voir, de contempler, de posséder le Bien suprême à tout jamais.

N'est-ce donc rien, mes Frères, que d'être assuré de son salut et de n'avoir plus rien à craindre pour son éternité ? Ah ! une fois qu'on a touché au port, on ne voudrait pas retourner sur la mer orageuse au risque d'y briser son esquif.

Dans une des crises qu'il avait de temps à autre, Monseigneur croyait que l'heure suprême était venue et il s'écriait en soupirant : « Ah ! qu'il eût bien mieux

valu pour moi de mourir au commence-
ment, lorsque j'étais si bien préparé !
A présent que deviendrai-je ? Si seulement
il n'y avait que le purgatoire à craindre !
Mais il y a l'enfer ! Aurai-je le bonheur de
l'éviter ? J'ai peur de l'enfer. »

Ainsi, il avait peur de l'enfer, lui qui
cependant faisait tout pour le ciel. Mais
c'est un sentiment que Dieu met dans les
âmes de ceux qu'il veut sauver, parce que
c'est cette crainte qui peut le mieux les
préserver du péché. *Confige timore tuo
carnes meas*, disait le roi-prophète. Il avait
aussi les chairs transpercées par la crainte
du Seigneur !

Ce n'était pas seulement l'enfer qu'il
redoutait, il avait une grande frayeur du
purgatoire : il en parlait souvent, il se
demandait comment il pourrait échapper
à ses longues et rigoureuses souffrances.
Le Bon Dieu y a pourvu, mes Frères.

Les médecins ne savaient pas s'expliquer
le mieux qui s'était produit chez lui, sans
cause apparente, et qui avait ainsi pro-
longé sa vie et ses souffrances. Mais la

cause était bien simple : Dieu voulait lui laisser accomplir ici-bas l'expiation du purgatoire, afin qu'il n'eût plus aucune ou presque aucune dette à payer en partant de ce monde. Dieu l'aimait, il fallait donc qu'il le fît souffrir.

Notre-Seigneur disait un jour à une Sainte qui lui demandait des grâces pour un ami : *Que veux-tu que je fasse pour lui ? Il ne veut pas être malade et il ne veut pas être méprisé.* Comme si l'un des deux au moins était nécessaire pour croître dans l'amour de Dieu.

Il avait goûté cette parole qui lui avait été dite dans sa maladie et il comprenait tout l'avantage de ses souffrances.

Et comment n'aurait-il pas expié, lorsque tous les jours, et le jour et la nuit, il faisait tant d'actes d'amour de Dieu et de soumission à sa divine Volonté ? Car c'était là sa principale occupation.

Et sa foi, comme elle était ardente ! Lorsqu'on lui administra pour la dernière fois les sacrements des mourants, il avait déjà perdu à peu près la parole, mais non le sentiment, et en voyant approcher Notre-Seigneur, il se frappait la poitrine aux paroles du prêtre : *Domine, non sum dignus,* avec tant de force que cela arrachait les larmes des yeux, et l'un de ceux qui étaient là disait : *Le spectacle de cette foi convertirait des païens.*

Il espérait aussi, et avec quelle inébranlable confiance il répétait les paroles du roi-prophète : *In te, Domine, speravi, non confundar in æternum!* Il ne devait pas être confondu en effet, car ces espérances-là sont de celles que Dieu ne manque jamais d'accomplir.

Et son amour, comme il prenait des accroissements chaque jour ! Combien de fois, jusqu'à sa dernière heure, n'a-t-il pas entendu répéter et répété lui-même intérieurement, lorsqu'il ne pouvait plus déjà parler, ces aspirations :

Jésus, mon Dieu, je vous aime par-dessus toute chose! Jésus, mon Dieu, tout en moi est à vous, faites de moi ce que vous voudrez : je ne veux que votre sainte Volonté! Avec tant d'actes de vertu, il fallait des grâces proportionnées pour y correspondre et pour les couronner. Aussi, quelle profusion de grâces accumulées sur son âme pendant les dernières semaines de son exil! Il avait entendu la promesse faite par Notre-Seigneur à la bienheureuse Marguerite-Marie pour tous ceux qui se détermineraient à faire neuf premiers vendredis de suite la sainte Communion en l'honneur de son Sacré-Cœur. Ceux-là, il promettait de les assister à leur heure dernière, de leur procurer tous les secours de la religion, tous les sacrements de l'Eglise et de ne pas les abandonner jusqu'à leur dernier soupir.

Il l'avait entendu, il y avait cru et il s'était mis en devoir d'en accomplir les conditions.

Aussi, comme la promesse a été réalisée pour lui d'une manière éclatante ! — Dès le premier jour que la gravité de son mal est connue, il demande lui-même qu'on lui administre les derniers sacrements; et avec quelle piété il les reçoit ! plusieurs d'entre vous en ont été témoins.

Ensuite, pendant tout le cours de sa maladie, il a le bonheur de recevoir plusieurs fois par semaine la sainte Communion en viatique. C'était la nourriture de son âme dont il ne pouvait pas se passer. Ah ! quelle différence dans l'appréciation que l'on fait de la sainte Communion quand on est en bonne santé, et celle que l'on en fait dans la maladie, quand on est à la veille de mourir, quand on voit que toutes les espérances humaines s'évanouissent et que tous les appuis humains disparaissent !

L'Eglise a beau recommander la communion fréquente aux fidèles, ils ne veulent pas s'y soumettre, ils la refusent, et même quelquefois, s'ils l'ont promise, ils ne tiennent pas leur promesse. Mais comme cela change quand on sent que l'on n'a plus que Dieu !

Samedi, il y a eu hier huit jours, après une crise où l'on avait peur qu'il ne restât, Monseigneur fait venir son confesseur pour lui demander la grâce de la sainte Communion. Son confesseur lui répond que, la crise étant passée, il serait peut-être mieux d'attendre au lendemain. — Comme vous voudrez, dit-il; et il se résigne, mais avec peine. — Quelques minutes après, on vient rechercher son confesseur :

« Monseigneur ne laisse pas de repos, il veut absolument recevoir la sainte Communion... *Je veux le bon Dieu*, répète-t-il, *je veux le bon Dieu !*

Comment résister à de telles instances? On lui porte le bon Dieu. On le lui donne encore le lendemain, dimanche. Et enfin une dernière fois, mardi (21), on lui porte le saint Viatique et on lui administre encore une fois l'Extrême-Onction avec toutes les cérémonies prescrites par l'Eglise.

Après cela, il ne restait plus rien à lui appliquer, sinon les indulgences plénières que l'Eglise a réservées pour l'heure de la mort. Le lendemain on lui applique tout d'abord l'indulgence générale accordée par Benoît XIV à tous les fidèles, puis l'indulgence du scapulaire du Mont-Carmel : ce scapulaire qu'il avait reçu, il y a longtemps (à vingt ans) et auquel il

tenait tant, parce qu'il savait que la Très
Sainte Vierge a promis que tous ceux qui
mourront revêtus de ce saint habit seront
préservés des flammes éternelles. Il reçoit
donc ces deux indulgences le mercredi. Le
jeudi, ce sont de nouveau deux indulgences
plénières, celle du scapulaire de l'Imma-
culée-Conception, qu'il avait reçu il y a
une douzaine d'années et dont il s'était fait
aussitôt l'apôtre et le zélateur auprès de
ses amis et de ses serviteurs dévoués, en
leur vantant l'immense avantage de pouvoir gagner plusieurs indulgences plénières
chaque fois qu'on récite six *Pater*, *Ave* et
Gloria sans avoir besoin de se confesser ni
de communier ni même de s'agenouiller.
Et ces six *Pater*, *Ave* et *Gloria*, il y était
fidèle tous les jours, tellement que, quelques
heures avant sa mort, la noble compagne
de sa vie, qui depuis vingt-quatre heures
ne quittait plus sa main, nous disait :
« Récitons-lui les six *Pater*, *Ave* et *Gloria*
du scapulaire bleu : je suis sûre que cela
lui fera plaisir ! »

Après cette indulgence, une autre encore

ou plutôt plusieurs autres, car il y en a dix ou douze attachées à la Confrérie du Rosaire pour l'heure de la mort. Cette confrérie, il avait consenti, il avait désiré même qu'elle fût érigée dans sa chapelle ; et même, pour pouvoir avoir part au privilège de l'indulgence de la fête du Rosaire, qui, comme celle de la Portioncule, se gagne chaque fois qu'on visite la chapelle de la Confrérie (*toties quoties*), il avait demandé qu'on lui accordât le privilège personnel de pouvoir gagner cette indulgence partout où il se trouverait, quelle que fût la chapelle qu'il visitât, et le Saint-Père le lui avait accordé.

Et quant au Rosaire lui-même, il y avait tant de dévotion qu'il ne passait pas un seul jour sans en réciter la troisième partie ; et afin de suivre plus facilement les mystères, il s'était procuré quinze images les représentant, et les avait constamment sous les yeux quand il récitait son chapelet. Dans sa maladie même, c'était un de ses regrets de ne pouvoir plus dire son chapelet tous les jours. Eh bien, cette indulgence plénière du Rosaire vient s'ajouter pour lui aux autres et compléter son trésor.

Enfin, il avait désiré que l'assistance des prêtres lui fût assurée à l'heure de sa mort, et il avait demandé formellement que ses deux prêtres fussent là quand il serait pour rendre le dernier soupir. Cette grâce aussi lui a été accordée. Pendant la journée qui a précédé sa mort et pendant toute la nuit suivante, ses deux prêtres ne l'ont pas quitté, et tour à tour ils lui suggéraient des prières, des aspirations pieuses, le bénissaient, l'absolvaient ; et le matin, lorsque son auguste compagne le quitta un instant pour aller faire la sainte Communion (vendredi 24) un de ses prêtres était encore là pendant que l'autre disait la messe. Et la messe achevée, lorsque Madame revient auprès de lui, on aurait dit qu'il l'attendait pour mourir : elle lui donne le baiser d'adieu, et bientôt elle voit son visage se décomposer, sa respiration déjà haletante devenir plus précipitée, plus pénible, plus faible.

On va chercher son confesseur au milieu de son action de grâces. Et au bout d'un quart d'heure de nouvelles prières, sous les yeux des ministres de Dieu qui le bénissent, son âme s'envole.

Comment douter que le Cœur de Jésus ne fût là pour la recevoir ! « Il doit être bien doux, comme disait la bienheureuse Marguerite-Marie, d'avoir pour Juge celui au Cœur duquel on a eu une véritable dévotion » ; or cette dévotion, il l'avait eue, et c'est ainsi que Jésus le récompensait.

Maintenant, mes Frères, nous ne l'avons plus avec nous, mais nous avons ses exemples qui doivent rester dans nos cœurs. Faisons-nous, comme lui, un trésor de mérites, c'est le seul que nous emporterons. Et ce qui est consolant, c'est qu'il n'y a pas jusqu'à un verre d'eau qui ne doive être récompensé. Combien de verres d'eau n'a-t-il pas donnés, lui qui a versé tant d'aumônes dans le sein des pauvres.

Faisons comme Lui, avec le plus ou moins de fortune que Dieu nous a donné, faisons des bonnes œuvres ; c'est peut-être le seul emploi de notre argent qui ne nous sera pas reproché, ou du moins qui nous sera méritoire. Et ne consacrons pas seulement notre fortune à Dieu, mais consacrons-Lui tout ce que nous avons de force et de dévoûment. Faisons comme le Fils de saint Louis, il a vécu et il est mort pour Dieu, pour la sainte Eglise : vivons et mourons pour Dieu et pour l'Eglise.

Vous me direz : Mais cette mort, malgré tout, c'est un châtiment, c'est un arrêt de mort pour la France : c'est peut-être la signature de sa sentence de réprobation.

Je l'avais cru, moi aussi, jusqu'à hier soir. Mais alors je me suis rappelé Notre-Seigneur conversant avec les disciples d'Emmaüs. Il se présente sous une forme étrangère, et leur demande de quoi ils parlent. « Eh quoi ! êtes-vous donc tellement étranger que vous ne sachiez pas ce qui vient de se passer à Jérusalem ? Ce Jésus de Nazareth qui était un si grand prophète, et que nos Princes ont mis à mort ? Or nous espérions qu'il sauverait

Israël. » — « Hommes de peu de foi, leur répond Notre-Seigneur, ne saviez-vous pas qu'il fallait qu'il mourût pour sauver Israël ? »

Et en effet, cette mort qui était un crime affreux, et qui semblait devoir anéantir les espérances des disciples de Jésus, est justement devenue la cause du salut du monde.

Qui nous dit, mes Frères, que la mort de cette grande victime de qui nous attendions le salut de la France et de l'Eglise, ne contribuera pas aussi à le procurer ? Certes, c'est une grande expiation aussi que cette mort, et s'il nous fallait des expiations pour nous sauver, en voilà une qui peut suffire.

C'était sans doute le plus grand châtiment qui pût nous frapper, et malgré cela c'est peut-être un châtiment sauveur ; dans tous les cas, c'est un châtiment pour lequel nous devons baiser la main qui nous frappe et courber humblement la tête sans chercher à comprendre les desseins impénétrables de Dieu. — Comment, après cette mort, Dieu pourra-t-il encore nous sauver, lorsqu'il nous ravit le Sauveur prédestiné ? Nous l'ignorons. C'est son secret.

Ce qui est certain, c'est que si quelque chose peut nous mériter le salut, c'est la mort d'une telle victime acceptée avec d'aussi saintes dispositions.

Ne nous laissons donc aller, mes Frères, ni au découragement ni au murmure : aimons et bénissons Celui qui nous a pris ce que nous avions de plus cher au monde, unissons nos expiations à la sienne et travaillons comme Lui au relèvement de notre patrie et au triomphe de l'Eglise, en nous attachant de plus en plus étroitement à Dieu comme Lui. C'est la grâce que je vous souhaite, au nom du Père et du Fils et du Saint-Esprit. Ainsi soit-il.

II

DIMANCHE, 2 SEPTEMBRE

Avant le départ du Corps pour Goritz.

C'est aujourd'hui, mes Frères, le grand jour des adieux. Tant que nous avions au milieu de nous cette chère dépouille, nous pouvions nous imaginer *le* voir, *l'*entendre et *le* posséder encore : maintenant, *il* va nous être enlevé, *il* va aller dormir son dernier sommeil dans le tombeau qu'*il* a choisi auprès des siens.

Rien ne viendra plus troubler ce sommeil, tous les bruits du monde expireront à ses pieds.

Aujourd'hui ici, demain à Goritz, les sanglots et les pleurs retentiront encore. Comme autrefois, lorsque Joseph reconduisait le corps de son père Jacob au pays de Chanaan pour l'ensevelir dans le tombeau acheté par lui, les Egyptiens qui l'accompagnaient donnaient tant de marques de douleur, que tous les pays par où ils passaient répétaient : C'est un grand deuil pour les Egyptiens. Et le lieu où fut déposé le corps s'appela *le grand deuil de l'Egypte*. (Dernier chapitre de la Genèse, 50)

Ainsi aujourd'hui, demain, va éclater le grand deuil de la nation fille aînée de l'Eglise, de tous les enfants de la France, et ce lieu où sera déposé le corps s'appellera : *le grand deuil de la France !*

Mais en nous rendant à ce tombeau, nous n'y enfermerons que le corps, l'âme nous a déjà précédés vers la véritable Patrie. De même que Dieu disait à son peuple dans l'épître de tout à l'heure (Ex., XXIII) : *Ecce ego mittam Angelum meum* (1). « Je vais envoyer mon Ange qui vous précédera, qui vous gardera dans le chemin et qui vous introduira dans le lieu que je vous ai préparé ; observez-le et

(1) Le premier dimanche de Septembre on célèbre, en Autriche, la fête des saints Anges Gardiens, qui est fixée généralement au 2 octobre.

écoutez sa voix » ; ainsi il semble nous avoir dit en nous reprenant notre Prince bien-aimé : « je vais l'envoyer comme un Ange en avant de vous, pour vous frayer le chemin, et vous ouvrir les portes. Vous n'aurez qu'à marcher sur ses traces, à entendre sa voix, à suivre ses exemples. C'est là l'ange conducteur et protecteur que je vous donne aujourd'hui. »

En effet, mes Frères, si nous nous appliquons à reproduire les vertus dont il nous a donné l'exemple surtout à la fin de sa vie, lorsque, aux prises avec la mort, il n'avait qu'un cri pour se soumettre à la volonté de Dieu, se déclarant prêt à vivre ou à mourir, indifférent à tout, sauf à faire ce qui plairait à Dieu, nous sommes sûrs d'arriver un jour au même but que lui, au repos et au bonheur éternels.

Depuis huit jours, dix jours de deuil, lorsque chaque jour le sang divin a coulé sur les autels dans des milliers d'églises, lorsque des milliers et des milliers de saints sacrifices, de communions, de prières, d'actes de piété ont été offerts pour Lui par tous ceux qui l'aimaient, comment douter que les fautes qu'il pouvait encore avoir à effacer ne soient pleinement expiées ? Ce sera donc plutôt un convoi triomphal qu'un cortège funèbre que nous conduirons aujourd'hui.

Il est vrai que, pour nous, c'est toujours le deuil, car notre cœur saigne de la séparation. On dirait qu'il a été violemment séparé en deux parties : l'une qui suit celui que nous avons aimé, l'autre qui nous reste toute meurtrie, toute sanglante, jusqu'à ce que Dieu ait cicatrisé sa blessure. Néanmoins les larmes mêmes que nous versons, tout amères qu'elles sont, seront adoucies par la certitude de son bonheur. Il nous voit, il nous aime, il nous protège, il nous bénit du haut du Ciel : ses enfants d'adoption d'abord, son auguste compagne, et tous ceux qui lui étaient fidèles et qui lui ont donné une marque quelconque d'attachement, de respect, de dévouement. A côté de son saint aïeul saint Louis, qu'il est allé retrouver la veille même de sa fête, il veille sur nous, sur la France, notre commune patrie, et il s'intéresse à tout ce que nous faisons pour lui. Nos larmes lui sont douces, parce qu'elles lui prouvent la persévérance de notre attachement. Elles sont pour lui comme un accroissement de gloire et de bonheur accidentel.

Son bonheur essentiel consiste à voir, à contempler face à face, à posséder pleinement le suprême et adorable Bien; mais pour les élus il vient de temps à autre s'ajouter comme une petite goutte de joie à cet immense océan de félicité : c'est la vue de ce que nous faisons pour eux, du souvenir que nous en gardons, des hommages que nous leur rendons, des prières que nous leur adressons. Ils se plaisent à les exaucer, parce qu'ils sont plus portés encore à faire du bien que sur la terre et qu'ils en ont infiniment plus de moyens.

C'est donc là ce qui doit nous consoler, mes Frères. Nous le rendrons d'autant plus heureux que nous garderons mieux son souvenir et que nous imiterons mieux ses vertus. Ce ne sera pas seulement un hommage à sa mémoire, ce sera un plaisir fait à son cœur qui vit, qui bat à côté du Cœur adorable de Jésus, du Cœur de sa céleste Mère qu'il aimait d'une si ineffable tendresse.

Et puis l'on pourra dire de lui ce que l'on dit souvent des défunts : *Defunctus adhuc loquitur* : Tout mort qu'il est, il parle encore. En effet, a-t-il jamais parlé de son vivant, comme depuis qu'il n'est plus? A-t-il jamais causé une émotion semblable à celle qu'il a produite en disparaissant? Ç'a été pour nous comme un écroulement, un anéantissement du monde. Ah! que l'on voit bien que tout n'est rien! *Omnia vanitas!* Tout n'est que vanité, et vanité des vanités, comme disait Salomon, excepté aimer et servir Dieu : c'est là tout l'homme!

C'était là aussi tout pour lui, et c'est en cela que nous devons l'imiter, afin de profiter des leçons de cette mort qui nous a ravi ce que nous avions de plus cher au monde.

Aujourd'hui, après cet office, il n'y aura

plus d'office public, plus de bénédiction à la chapelle. A deux heures, on se réunira pour le convoi mortuaire et l'on chantera une dernière fois le *Libera* et l'oraison pour le Roi défunt. Puis nous le prendrons avec nous pour le conduire au chemin de fer. Alors vous resterez seuls, mes Frères! Vous vous croirez jusqu'à un certain point reportés à la grande et lugubre Semaine où l'Eglise pleure son divin Epoux. Alors les temples sont en deuil et les tabernacles sont vides, parce qu'on a déposé Notre-Seigneur au tombeau. Ainsi aujourd'hui pour nous cette chapelle est en deuil, et aucun chant de joie n'en doit troubler la solitude, parce que c'est le jour où l'on porte le Roi au tombeau. Le tabernacle cependant vous restera pour vous consoler, et puis les saintes messes seront dites comme à l'ordinaire. Jeudi, nous serons de retour, pour le premier vendredi du mois, et j'espère que ceux qui n'ont pas encore fait la sainte communion pour Monseigneur, et même les autres qui l'auraient déjà faite, et qui voudraient la renouveler, offriront pour lui une sainte et fervente communion.

Samedi, 8, est la fête de la Nativité de la Très Sainte Vierge. Les offices seront comme le Dimanche. Ensuite notre vie reprendra comme auparavant. Il n'y aura pas de changement, sauf cet immense changement auquel rien ne pourra remédier. Nous sentirons un vide affreux autour de nous, un vide affreux au dedans de nous et il faudra que Dieu le comble, car lui seul le peut. C'est la grâce que je vous souhaite, mes Frères, au nom du Père et du Fils et du Saint-Esprit. Ainsi soit-il.

Bar-le-Duc. — Typ. de l'Œuvre de Saint-Paul, L. Philipona et Cᵒ — 760